BEI GRIN MACHT SICH IHR WISSEN BEZAHLT

Ernst Probst

Marlene Dietrich - Die deutsche "Göttin des Films"

GRIN Verlag

Bibliografische Information der Deutschen Nationalbibliothek:

Die Deutsche Bibliothek verzeichnet diese Publikation in der Deutschen National-
bibliografie; detaillierte bibliografische Daten sind im Internet über http://dnb.d-
nb.de/ abrufbar.

Impressum:

Copyright © 2012 GRIN Verlag, Open Publishing GmbH
Druck und Bindung: Books on Demand GmbH, Norderstedt Germany
ISBN: 978-3-656-16581-1

Dieses Buch bei GRIN:

http://www.grin.com/de/e-book/191553/marlene-dietrich-die-deutsche-goettin-des-
films

Marlene Dietrich (1901–1992)

Ernst Probst

Marlene Dietrich

Die deutsche „Göttin
des Films"

Beate Werner,
Bernd Werner,
Marianne Werner,
Otto Werner,
Sonja Werner,
Dr. Jochen Werner,
Steffen Werner und
Christine Werner
gewidmet

Gedenktafel für Marlene Dietrich
an ihrem Geburtshaus in Berlin-Schöneberg

Marlene Dietrich

Die deutsche „Göttin des Films"

Zu Weltruhm gelangte in den 1930-er Jahren die
deutsche Schauspielerin und Sängerin Marlene
Dietrich (1901–1992), die eigentlich die Vornamen Maria
Magdalene trug. Ihren Erfolg als Filmstar begründete
sie als fesche Lola mit Zylinder, wasserstoffblonden
Haaren, glühenden Blicken und betörenden Beinen in
dem Streifen „Der blaue Engel". Später feierte man die
Dietrich oft als „Göttin des Films".
Erst seit 1956 weiß man, dass Maria Magdalene Dietrich
am 27. Dezember 1901 in Berlin-Schöneberg zur Welt
kam. Denn damals tauchte ein im Zweiten Weltkrieg
verlorener Auszug aus dem Berliner Geburtenregister
wieder auf. Bis dahin hatte die Dietrich stets 1904 als
ihr Geburtsjahr genannt. Ihr Vater war Louis Erich Otto
Dietrich (1868–1907), ein Polizeileutnant der kaiser-
lichen Elitetruppe. Ihre Mutter Wilhelmine Elisabeth
Josefine Dietrich (1876–1945), geborene Felsing,
stammte aus einer Berliner Juweliersfamilie. Maria
Magdalene hatte eine ältere Schwester namens Elisabeth,
die zwei Jahre früher geboren worden war.
Die Eltern zogen kurz nach der Geburt von Marie
Magdalene nach Weimar (Thüringen), wo diese an einer

Privatschule unterrichtet wurde. Ihre wohlhabenden
Eltern ließen ihr die „denkbar beste Erziehung" zu-
kommen, erzählte sie später. Früh erhielt sie Geigen-
und Klavierstunden und lernte Französisch und Englisch.

1908 erlag der Vater in einer psychiatrischen Heilanstalt
einem Nervenleiden. Vermutlich starb er an Syphillis,
mit der er sich durch Geschlechtsverkehr mit häufig
wechselnden Partnerinnen infiziert hatte. Nach seinem
Tod kehrte die Familie nach Berlin zurück. Maria
Magdalene bezeichnete sich etwa im Alter von elf Jahren
als Marlene. 1914 heiratete die Mutter in zweiter Ehe
den begüterten Grenadierleutnant Eduard von Losch
(1875–1916), der im Ersten Weltkrieg einer Kriegs-
verletzung erlag. Zu einer Adoption der beiden
Stieftöchter war es nicht gekommen.

Marlene besuchte in Berlin zunächst die Auguste-
Viktoria-Schule und vom 13. April 1917 bis Ostern 1918
die Victoria-Luisen-Schule (heute Goethe-Gymnasi-
um). An letzterer Schule machte sie ihr Abitur. Nebenher
lernte sie bei Paul Dessau (1894–1979), der später
Dirigent und Komponist wurde, an der Berliner
Musikakademie das Geigespielen. 1918 begann sie an
der „Musikhochschule Weimar" eine Ausbildung zur
Konzertgeigerin. 1921 setzte sie ihr Muisikstudium in
Berlin fort, das sie nach einer Sehnenscheidenent-
zündung gegen den Willen ihrer Mutter abbrach. Nach
dem gescheiterten Versuch, an der Schauspielschule von

Max Reinhardt (1873–1943) aufgenommen zu werden, wurde sie als Revuegirl in der Truppe von Guido Thielscher (1859–1941) engagiert und debütierte Weihnachten 1921 im Hamburger Operettenhaus. Danach gab ihr und Grete Mosheim (1905–1986) Reinhardts Assistent, Berthold Held (1868–1931), Schauspielunterricht. Sie wurde in rhythmischer Bewegung und Gymnastik sowie im Fechten und in der Stimmbildung geschult. Zwischen September 1922 und April 1923 spielte Marlene kleine Rollen (oft als Statistin) in insgesamt 92 Theateraufführungen.

Der Vermittlung ihres Onkels Willi Felsing verdankte Marlene Dietrich einen ersten Kontakt zu einem Filmregisseur. Prompt wurde sie zu Probeaufnahmen eingeladen. Bald darauf feierte sie in dem Stummfilm „So sind die Männer" (1923) unter der Regie von Georg Jacobi (1882–1964) ihren ersten Auftritt auf der Kinoleinwand. In diesem Streifen spielte sie die Rolle einer Zofe. Sie kritisierte sich später hierfür als „eine Kartoffel mit Haaren".

Bei den Dreharbeiten für den Film „Tragödie der Liebe" (1923) unter der Regie von Joe May (1880–1954) lernte Marlene Dietrich den Produktionsassistenten Rudolf Sieber (1897–1976) kennen und lieben. Am 17. Mai 1924 heirateten die Beiden und am 13. Dezember 1924 kam die gemeinsame Tochter Maria Elisabeth zur Welt.

Laut Online-Lexikon „Wikipedia" wirkte Marlene Dietrich während der „Goldenen Zwanziger Jahre" in

Grete Mosheim (1905–1986)

16 Stummfilmen mit. Darunter waren zuletzt auch Hauptrollen wie in „Café Elektrik" (1927) oder „Ich küsse Ihre Hand, Madame" (1929). Marlene verleugnete später ihre frühen Rollen und beurteilte ihr deutsches Bühnen- und Filmschaffen als reine Komparserie. In einem Interview erklärte sie einmal: „Ich war in den Zwanziger Jahren überhaupt nichts". Zusammen mit dem Ensemble der Revue „Es liegt in der Luft" machte sie 1928 ihre ersten Schallplattenaufnahmen.

Am 11. September 1929 fiel Marlene Dietrich dem aus Wien stammenden Hollywood-Regisseur Josef Sternberg (1894–1969) auf, als sie im „Theater am Schiffbauerdamm" zusammen mit Hans Albers (1892–1960) in der Revue „Zwei Krawatten" mitspielte. Er war aus den USA gekommen, um Hans Albers zu sehen und für seinen Tonfilm „Der blaue Engel" (1930) zu verpflichten.

Sternberg war von den langen Beinen und der tiefen, rauchig-erotischen Stimme der 1,68 Meter großen Marlene Dietrich so beeindruckt, dass er ihr die weibliche Hauptrolle anbot. Um ihre Einwilligung zu erreichen, bedurfte es großer Überzeugungskunst, da die Dietrich damals noch keine hohe Meinung von ihrem schauspielerischen Talent und ihrer Fotogenität hatte. Das Drehbuch für diesen Film basierte auf dem Roman „Professor Unrat" (1905) von Heinrich Mann (1871–1950).

Marlene Dietrich mimte in „Der blaue Engel" die leichtlebige und mitleidslose Kabarettsängerin „Lola

Emil Jannings (1884–1950) mit Ehefrau

Lola", die den strengen „Professor Immanuel Rath" –
gespielt von Emil Jannings (1884–1950) – betört, ihn
auf sein Drängen heiratet, sich aber bald mit ihm
langweilt und ihn verachtet. Weltberühmt wurde ihr für
diesen Streifen von Friedrich Hollaender (1896–1976)
komponierter Song „Ich bin von Kopf bis Fuß auf
Liebe eingestellt" („Falling in Love Again"). Marlene
erhielt für „Der Blaue Engel" pauschal eine Gage von
20.000 Reichsmark, zuzüglich 5.000 Reichsmark für die
parallel gedrehte englische Fassung. Ihr bereits
international erfolgreicher Filmpartner Emil Jannings
heimste dagegen eine Gage von 200.000 Reichsmark
ein. Jannings missfiel das starke Interesse des Regisseurs
Sternberg an der jungen Schauspielerin sehr. Deswegen
gab es bei den Dreharbeiten immer wieder Spannungen
zwischen dem Altstar Jannings und der Newcomerin
Dietrich. Der Film „Der Blaue Engel" hatte am 1. April
1930 Weltpremiere in Berlin. Die Premiere in den USA
erfolgte später am 5. Dezember 1930.
Noch 1930 ließ Marlene Dietrich ihre vierjährige Tochter Maria und ihren Ehemann in Berlin zurück und ging
mit Josef Sternberg nach Hollywood. Dort unterschrieb
Marlene beim Filmstudio „Paramount Pictures" einen
Siebenjahresvertrag, der ihr anfangs ein Gehalt von
1.750 US-Dollar pro Woche garantierte. Danach baute
man sie als Sexsymbol und Hollywood-Diva auf. Sie
hungerte sich 30 Pfund Körpergewicht weg, trug fortan
feinste Kleidung und achtete bei Dreharbeiten auf

richtiges Licht und Make-up. In der kalifornischen
Filmmetropole wurde sie zum Weltstar.

Zusammen mit Sternberg drehte Marlene Dietrich die
Filme „Morocco" („Marokko" bzw. „Herz in Flammen", 1930), „Dishonored" („Entehrt", 1931), „Shanghai Express" (1932), „Die blonde Venus" (1932), „The
Scarlett Empress" („Die scharlachrote Kaiserin", 1934)
und „The Devil is a Woman" („Der Teufel ist eine Frau",
1935). In „Morocco" stand sie neben Gary Cooper
(1901–1961) vor der Filmkamera und mimte eine Nacht-
clubsängerin, die sich zwischen zwei Männern ent-
scheiden muss. In der bekanntesten Szene dieses Strei-
fens küsst Marlene als Mann angezogen eine andere Frau.
Für ihre Rolle in „Morocco" nominierte man sie für
den „Oscar" als beste Hauptdarstellerin.

1931 holte Marlene Dietrich ihre Tochter Maria und ihren Ehemann Rudolf Sieber in die USA. Sie hatte ein
schlechtes Gewissen, weil sie ihr Kind vernachlässigt
und ihren Gatten mit Sternberg betrogen hatte. Die
Tochter Maria spielte in dem Film „The Scarlet
Empress" die russische Zarin Katharina die Große
(1729–1796) als Kind und die Mutter Marlene als
Erwachsene.

Nach der Machtergreifung der Nationalsozialisten in
Deutschland von 1933 mied die Dietrich ihr Heimatland.
1935 trennten sich der geniale Sternberg und die welt-
berühmte Schauspielerin im gegenseitigen Einver-
nehmen. Für ihre Rolle in „The Garden of Allah" („Der

Garten Allahs", 1936) erhielt die Dietrich die bis dahin höchste Gage im Filmgeschäft: 200.000 US-Dollar. Erfolg hatte sie auch in der Filmkomödie „Angel" („Engel", 1937) unter der Regie von Ernst Lubitsch (1892–1947), dessen Spezialität charmant-ironische Lustspiele waren.

Marlene Dietrich besaß eine Ausstrahlung, die Männer und Frauen gleichermaßen anzog. Während der 1930-er Jahre trat sie oft in Männerkleidung auf, was damals als revolutionär empfunden wurde. In Paris wollte man ihr 1933 unter Androhung der Verhaftung das Betreten der Innenstadt in Männerkleidung untersagen, was aber nicht durchgehalten werden konnte. Für die Frauenbewegung zwischen den Weltkriegen wurde sie ein Idol und zu einer Schwulenikone. Ihr Freund Kenneth Tynan schrieb über sie: „Sie hat Sex, aber kein Geschlecht."

Ein Jahr vor dem Ausbruch des Zweiten Weltkrieges (1919–1945) verlegte Marlene Dietrich ihren europäischen Hauptwohnsitz nach Paris. Von der französischen Hauptstadt aus half sie Flüchtlingen aus Deutschland und emigrierende Künstler mit Rat und Tat sowie Geld. Ab 9. Juni 1939 war Marlene Dietrich amerikanische Staatsbürgerin. Ende der 1930-er Jahre trennte sie sich von ihrem Mann Rudolf Sieber, von dem sie nie geschieden wurde und der zuletzt in Kalifornien eine Hühnerfarm leitete. Danach hatte sie zahlreiche Liebesbeziehungen, unter anderem gleichzeitig mit dem französischen Schauspieler Jean Gabin (1904–1976) und mit

Marlene Dietrich 1933 in Paris

dem deutschen Schriftsteller Erich Maria Remarque
(1898–1970). In den Nächten, in denen die Diva mit
ihrem feurigen Liebhaber Gabin schlief, betrank sich
der eifersüchtige Remarque.

In dem Film „Destry Rides Again" („Der große Bluff",
1939) parodierte Marlene Dietrich ihr eigenes Image.
Angebote der „Nazis" für eine Rückkehr nach Deutschland lehnte sie ab. Statt dessen wandte sich gegen den
Nationalsozialismus, unterstützte jüdische Emigranten
und war ab 1943 drei Jahre lang in amerikanischer
Uniform bei der Truppenbetreuung von US-Soldaten
aktiv. Sie nahm ein Angebot des US-Geheimdienstes
„OSS" an, sich an der psychologischen Kriegsführung
gegen Hitler-Deutschland zu beteiligen, sang für
amerikanische Soldaten und besuchte Verwundete in
Lazaretten. Weil sie nahe an der Front vor US-Soldaten
auftrat, die vor oder nach ihrem Auftritt kämpfen
mussten, entging sie bei der deutschen Ardennen-
offensive im Dezember 1944 nur knapp einer Gefan-
gennahme durch die Wehrmacht.

Während sie amerikanische Truppen bei deren Vor-
marsch durch Süddeutschland begleitete, erhielt Marlene
Dietrich nach der Befreiung des Konzentrationslagers
(„KZ") Bergen-Belsen in der Lüneburger Heide durch
die Briten am 15. März 1945 Nachricht von ihrer
Schwester Elisabeth. Letztere hatte zusammen mit ihrem
Ehemann Georg Will während des Zweiten Weltkriegs
in einer Kaserne in Bergen nahe des „KZ" Bergen-

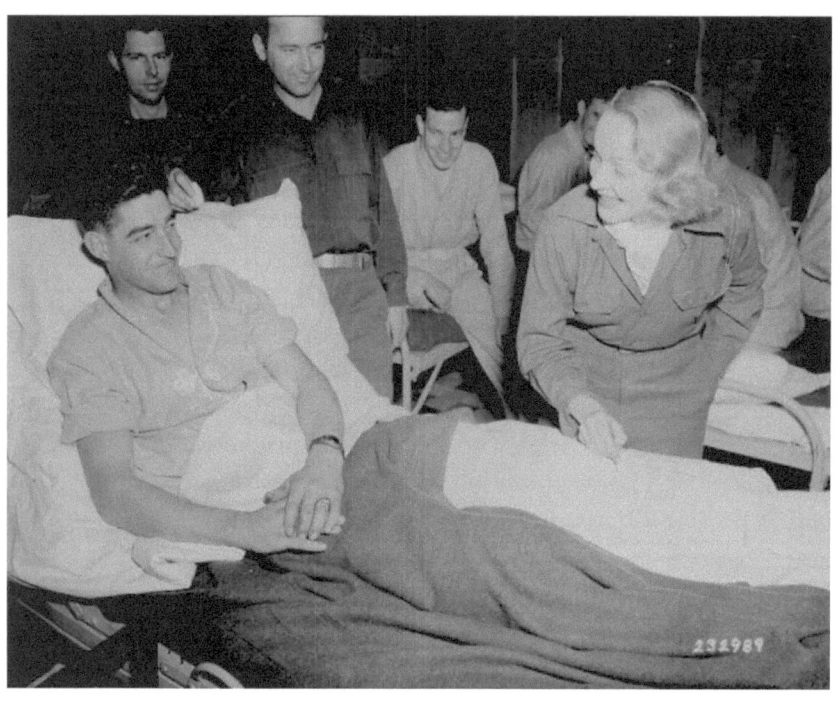

Marlene Dietrich gibt im November 1944
einem verwundeten US-Soldaten
in einem Hospital in Belgien ein Autogramm.

Belsen ein vor allem von „SS"-Leuten besuchtes Kasino und Kino geführt. Marlene besuchte ihre Schwester noch vor Kriegsende und legte für sie bei der britischen Besatzungsmacht ein gutes Wort ein. Später hat Marlene ihre Schwester finanziell unterstützt, aber stets verschwiegen, um sie aus Schlagzeilen herauszuhalten. Der einzige Sohn ihrer Schwester namens Hans Georg Will arbeitete später für das Filmstudio „UFA".
Bei Kriegsende hielt sich Marlene Dietrich mit amerikanischen Truppen in Pilsen (Tschechoslowakei) auf. Im Mai 1945 besuchte sie Verwandte ihres Ehemannes Rudolf Sieber in Aussig im sowjetisch besetzten Teil von Böhmen. Diese wurden bald danach vertrieben.
Im Frühsommer 1945 kehrte Marlene Dietrich nach New York City zurück. Damals wurde ihre Mutter von sowjetischen Soldaten im besetzten Berlin entdeckt, worüber man die amerikanischen Alliierten unterrichtete. Nach dem Einrücken der Amerikaner in Berlin im Juli 1945 konnte Marlene per Militärfunk kurz mit ihrer Mutter sprechen. Ende September 1945 gab es bei einer Konzertreise in Berlin ein Wiedersehen zwischen Mutter und Tochter. Ihre Mutter, die sich geschworen hatte, den Diktator Adolf Hitler zu überleben, starb am 3. November 1945 im Alter von fast 69 Jahren in Berlin. Marlene nahm an der Beerdigung auf dem Friedhof an der Stubenrauchstraße in Berlin-Friedenau teil.
Im Ausland wurde das politische und soziale Engagement von Marlene Dietrich gegen das „NS"-Regime

*Karikatur
von Marlene Dietrich,
1954 geschaffen
von dem Karikaturisten
Hans Georg
Pfannmüller
1916–1989)*

viel früher gewürdigt als in ihrer deutschen Heimat. In Deutschland stieß ihr Verhalten bei vielen Menschen auf Unverständnis. Durch ihr Verhalten sei sie nicht nur gegen Hitler aufgetreten, sondern auch gegen Millionen einfacher deutscher Soldaten, hieß es. Deswegen kritisierte man sie oft als „Verräterin". 1947 erhielt Marlene für ihren Einsatz die Freiheitsmedaille „Medal of Freedom", die höchste zivile Auszeichnung der USA. Nach dem Zweiten Weltkrieg sah man Marlene Dietrich in den Filmen „A Foreign Affair" („Eine auswärtige Affäre", 1948) von Billy Wilder, „Stage Fright" („Die rote Lola", 1950) von Alfred Hitchcock (1899–1980) und „Rancho Notorious" („Engel der Gejagten", 1952) von Fritz Lang (1890–1976). Im Jahre 1950 ernannte die französische Regierung sie zum „Ritter der Ehrenlegion" („Chevalier de la Légion d'Honneur"). Nach Beginn des „Kalten Krieges" engagierte sich Marlene zunehmend pazifistisch.

Obwohl Marlene Dietrich weiterhin in Filmen mitwirkte, konzentrierte sie sich ab den 1950-er Jahren mehr auf ihre Karriere als Sängerin. 1953 begeisterte sie mit ihrem „sprechenden Gesang" drei Wochen lang im Hotel „Sahara" von Las Vegas (Kalifornien) das Publikum. 1954 fesselte sie im Londoner „Café de Paris" ihre Zuhörer/innen. Ab 1955 war der amerikanische Pianist Burt Bacharach ein Jahrzehnt lang ihr musikalischer Begleiter. Dank seiner Hilfe wandelte sie sich

von der Nachtclub-Sängerin zur ausdrucksstarken
Künstlerin.

Bei ihrer „One-Woman-Show" trug Marlene Dietrich
kunstvolle Bühnenkleider, mit denen sie einerseits elegant
angezogen, anderseits aber nackt und wie mit Sternen
übersät aussah. Sehr eindrucksvoll waren auch ihre
Bühnenmäntel mit unzähligen aufgenähten Brustdaunen
von Schwänen, die kostbarer als weißer Pelz wirkten,
und eine drei Meter lange runde Schleppe besaßen.
Angeblich sollen schätzungsweise 3.000 Schwäne für
die Bühnenmäntel von Marlene ihr Leben gelassen
haben. Warum sie so prächtig gewandet war, erklärte
sie mit folgenden Worten: „Ich kann nicht singen. Also
muss das, was ich trage, eine Sensation sein."
Marlene Dietrich war die erste deutsche Künstlerin,
die nach dem Zweiten Weltkrieg in Russland auftrat. In
Israel setzte sie sich gegen das Verbot durch, auf der
Bühne Lieder mit deutschen Texten vorzutragen. Davon war das Publikum anfangs schockiert, doch dann
brach sie das Eis und man spendete ihr beeindruckt
von ihrem Mut und ihrer Ehrlichkeit starken Beifall.
Als Zugabe sang Marlene ein israelisches Volkslied, das
sie auf dem Flug nach Israel von einer Stewardess
gelernt hatte.
Während einer Europatournee trat Marlene Dietrich
auch in Deutschland und in Berlin auf. Das Publikum
in ihrem Heimatland war überwiegend begeistert von
ihrer Show. Doch es gab auch Anfeindungen gegen die

angebliche „Vaterlandsverräterin" von Teilen der
Bevölkerung und der Presse. Bei einem Konzert in ihrer
Geburtsstadt Berlin erntete sie missfällige Pfiffe, die
sie fast von der Bühne zwangen. In Düsseldorf spuckte
ein junges Mädchen sic an. Auf einer anderen Bühne in
einer deutschen Großstadt warf jemand ein Ei auf sie
und traf sie am Kopf. Der Eierwerfer wurde vom
Publikum fast gelyncht, heißt es.
An der Seite von Spencer Tracy (1900–1967) wirkte
Marlene Dietrich in dem Film „Das Urteil von Nürn-
berg" („Judgement at Nuremberg", 1961) mit. In diesem
Streifen ging es um die Nürnberger Prozesse und eine
der Kernfragen der Nachkriegszeit: Was habt ihr
gewusst? In ihrer Rolle sprach sie Texte, von deren
Wahrheit sie nicht überzeugt gewesen sein soll.
Nach zahlreichen Auftritten in aller Welt wurde Marlene
Dietrich von dem renommierten New Yorker Kritiker
Alexander H. Cohen als „Primadonna der Diseusen"
gewürdigt. In den 1960-er Jahren rührte sie vor allem
mit dem Lied „Where Have All the Flowers Gone"
(„Sag mir, wo die Blumen sind") die Herzen vieler
Zuhörer/innen.
1962 trat Marlene Dietrich bei der „UNICEF"-Gala in
Düsseldorf und 1963 beim „Deutschen Schlager-
Festival" in Baden-Baden auf. 1964 wurde sie bei einem
Auftritt in der Warschauer Kongresshalle von dem
polinischen Musiker Czeslaw Niemen und der Gruppe
„Niebiesko-Czarni" begleitet. Als sie dabei das Lied

„Czy mnie jeszcze pamietasz" von Niemen hörte, gefiel ihr dieses so gut, dass sie bald danach eine eigene Version namens „Mutter, du hast mir vergeben" aufnahm.
1975 erlitt Marlene Dietrich in einem Theater in Sydney (Australien) einen Schenkelhalsbruch. Ihr letzter Film war „Schöner Gigolo, armer Gigolo" (1978). Als sie sich im Januar 1979 im Alter von 77 Jahren erneut ein Bein brach, mied sie fortan die Öffentlichkeit und lehnte fast alle Interview- und Fotowünsche ab.
Seit Jahren versuchte der Filmregisseur Maximilian Schell immer wieder, Marlene Dietrich dafür zu gewinnen, an einem Dokumentarfilm über ihr Leben mitzuwirken. Schell und die Dietrich hatten 1961 in dem Film „Das Urteil von Nürnberg" zusammen gespielt und sich dabei schätzen gelernt. Mehrfach lehnte die Dietrich den Wunsch von Schell ab, doch 1982 stimmte sie endlich zu, sich filmen zu lassen. Kurz vor Beginn der Dreharbeiten zog sie ihre Zusage wieder zurück und erlaubte nur Tonbandaufnahmen. Vertraglich verpflichtete sich die Dietrich zu einem 40 Stunden dauernden Interview, das etwa je zur Hälfte in Deutsch und Englisch geführt wurde. Als Schell sie während des Interviews darauf ansprach, dass sie sich nicht filmen lassen wollte, erklärte sie: „Ich bin zu Tode fotografiert worden". Dank seiner einfühlsamen Fragen vermittelte Schell einen tiefen Einblick in den Charakter der Dietrich, die ursprünglich möglichst wenig von sich preisgeben

wollte. Marlene berichtete über ihre Kindheit in Berlin,
die Dreharbeiten für den Film „Der Blaue Engel", ihren
Ehemann Rudolf Sieber, die Arbeit mit Regisseuren
wie Josef Sternberg, Orson Welles und Alfred Hitchcock.
Häufig ignorierte sie Fragen und kommentierte andere
Dinge.
Schell gestaltete den Dokumentarfilm als Collage. Er
garnierte seine Tonbandaufnahmen mit Fotos und
Ausschnitten aus Stumm- und Tonfilmen der Dietrich
sowie mit Wochenschauberichten und Gesangsauftritten
in Filmen. Der Dokumentarfilm endete mit dem Ge-
dicht „O Lieb, solang du lieben kannst" von Ferdinand
Freiligrath (1810–1876), das die Dietrich zu Tränen
rührte. Das Werk „Marlene" (1984) wurde als bester
Dokumentarfilm für einen „Oscar" nominiert und
gewann mehrere europäische Preise.
Die letzten Jahre ihres Lebens verbrachte Marlene
Dietrich in ihrem Pariser Appartement in der Avenue
Montaine 12. Darin hat sie ihr Bett in den letzten elf
Jahren bis zu ihrem Tod nicht mehr verlassen. Für-
sorglich betreut wurde die mittlerweile tablettensüchtige
und alkoholkranke Marlene von ihrer Tochter Maria.
Mit Hilfe eines speziell angefertigten Greifarmes holte
sie Gegenstände zu sich, die um ihr Bett aufgestellt
waren. Die Dietrich hatte eine Sekretärin und eine Haus-
angestellte und ließ sich oft für sie zubereitete Speisen
von einem deutschen Spezialitäten-Restaurant liefern.
Außer ihren engen Familienangehörigen und ihren

Angestellten durfte niemand ihr Appartement betreten.
Sogar die 24 Jahre jüngere deutsche Schau-spielerin,
Sängerin und Schriftstellerin Hildegard Knef (1925–
2002), mit der sie seit Jahrzehnten eine fast mütterliche
Freundschaft pflegte, ließ sie nicht in ihr Pariser Domizil.
Das Telefon war ihre einzige Verbindung zur Außenwelt.
Es heißt, Marlene habe mit den „Großen der Welt" sowie
mit ihrer Familie und Freunden telefonisch regen Kon-
takt gepflegt und täglich bis zu 30 Anrufe vorgenom-
men.
Marlene Dietrich schrieb drei Autobiografien, in denen
sie ihr abwechslungsreiches Leben schilderte. Diese
trugen die Titel „ABC meines Lebens" (1962), „Nehmt
nur mein Leben ..." (1979) und „Ich bin, Gott sei Dank,
Berlinerin" (1987).
Am 6. Mai 1992 starb Marlene Dietrich im Alter von 90
Jahren in ihrer Pariser Wohnung Als offizielle Todesur-
sache galt Herz- und Nierenversagen. In den letzten
Wochen ihres Lebens war Marlene von ihrer Sekretärin
und Freundin Norma Bosquet fast täglich besucht
worden. Bosquet vermutete, Marlene habe sich mit
Schlaftabletten das Leben genommen, weil sie zwei Tage
vorher einen zweiten Schlaganfall erlitten habe.
Nach einer großen Trauerfeier in Paris wurde Marlene
Dietrich in Berlin-Friedenau unter großer Anteilnahme
der Bevölkerung auf dem III. Städtischen Friedhof Stubenrauchstraße in einem schlichten Grab unweit der
Grabstelle ihrer Mutter Josefine von Losch beerdigt.

Auf dem Weg zum Friedhof wurde ihr Sarg von trauernden Berlinern mit Blumen überhäuft. An Balkonen hingen Transparente mit der Aufschrift „Danke Marlene!". Ihr Ehrengrab trägt die Inschrift „Hier steh ich an den Marken meiner Tage".

Aber auch in den Tagen nach ihrem Tod wurde Marlene Dietrich noch von einigen Zeitgenossen als „Vaterlandsverräterin" betrachtet. Leserbriefschreiber übten an ihr in Zeitungen Kritik. Eine geplante Gedenkveranstaltung in Berlin sagte man offiziell aus organisatorischen Gründen ab. 1993 verfasste Friedrich Kurz das Musical „Sag mir wo die Blumen sind" über das leben der Dietrich.

In Berlin gab es 1996 kontroverse Debatten, als man eine Straße in der Hauptstadt nach Marlene Dietrich benennen wollte. 1997 ehrte der damalige Berliner Bezirk Tiergarten die Schauspielerin mit dem Namen „Marlene-Dietrich-Platz". Die Widmung lautet: „Berliner Weltstar des Films und des Chansons. Einsatz für Freiheit und Demokratie, für Berlin und Deutschland".

Am Geburtshaus von Marlene Dietrich im Kiez „Rote Insel" in Berlin-Schöneberg erinnern Gedenktafeln an die berühmte Tochter der Stadt. Eine davon zeigt ein Porträt von ihr und erwähnt Filme, in denen sie mitwirkte. Die Straße, in der sich ihr Geburtshaus befindet, hieß einst Sedanstraße und wurde erst 1938 in Leberstraße umbenannt.

Ehrengrab von Marlene Dietrich in Berlin-Schöneberg

Grab der Mutter von Marlene Dietrich in Berlin-Schöneberg

Maria Riva, die Tochter von Marlene Dietrich

Am 14. August 1997 erschien eine Briefmarke in der Dauermarkenserie „Frauen der deutschen Geschichte" mit dem Bild von Marlene Dietrich. Im „Renaissance-Theater Berlin" fand am 28. Juni 1998 die deutschsprachige Erstaufführung des Dramas „Marlene" von Pam Gems (Großbritannien) mit Judy Winter als Dietrich statt.

Im Jahre 2000 erschien das 894 Seiten umfassende Buch „Meine Mutter Marlene" aus der Feder von Maria Riva, der Tochter der Dietrich. Damit erfüllte Maria den Wunsch ihrer Mutter, die sie einmal gebeten hatte: „Schreib ein Buch über mich. Nur Du kannst es. Die ganze Wahrheit. Aber erst nach meinem Tod."

2001 präsentierte der Enkel David Riva den 100-minütigen Dokumentarfilm „Marlene Dietrich: Her Own Song". Sein Werk konzentriert sich auf Einblicke in das politische und menschliche Engagement der Dietrich und fragt nach den tieferen Gründen für ihr Verhalten während des Zweiten Weltkrieges.

Beim 100. Geburtstag von Marlene Dietrich entschuldigte sich das Land Berlin 2001 offiziell für die Anfeindungen. Posthum verlieh man Marlene am 16. Mai 2002 die Ehrenbürgerschaft von Berlin, was von der Bevölkerung teilweise kritisiert wurde. Seit dem 12. Februar 2010 erinnert ein Stern auf dem „Boulevard der Stars" in Berlin an sie. Auch im Weltall ist sie vertreten: Ein bereits 1923 entdeckter Himmelskörper wurde nach ihr als „Asteroid 1010) Marlene" bezeichnet.

BERLINER GEDENKTAFEL

»Sag mir, wo die Blumen sind«
MARLENE DIETRICH
27.12.1901 – 6.5.1992
Schauspielerin und Sängerin
Sie gehört zu den wenigen deutschen Schauspielerinnen
die internationale Bedeutung erlangten
Trotz verlockender Angebote durch das NS-Regime emigrierte sie
in die USA und wurde amerikanische Staatsbürgerin
2002 verlieh ihr die Stadt Berlin posthum die Ehrenbürgerwürde
»Ich bin, Gott sei Dank, Berlinerin«

Gefördert durch die GASAG Berliner Gaswerke Aktiengesellschaft

Gedenktafel für Marlene Dietrich
an ihrem Geburtshaus in Berlin-Schöneberg

Stern von Marlene Dietrich
auf dem „Boulevard der Stars" in Berlin

Filme von Marlene Dietrich

(Auswahl)

Stummfilme
1919: Im Schatten des Glücks (unbestätigt)
1923: So sind die Männer
1923: Der Mensch am Wege
1923: Tragödie der Liebe
1924: Der Mönch von Santarem
1924: Der Sprung ins Leben
1925: Der Tänzer meiner Frau
1926: Manon Lescaut
1926: Madame wünscht keine Kinder
1927: Eine Dubarry von heute
1927: Der Juxbaron
1927: Kopf hoch, Charly!
1927: Sein größter Bluff
1927: Café Elektric
1927: Wenn ein Weib den Weg verliert
1928: Prinzessin Olala
1929: Ich küsse Ihre Hand, Madame
1929: Die Frau, nach der man sich sehnt
1929: Das Schiff der verlorenen Menschen
1932: Gefahren der Brautzeit

Tonfilme
1930: Der blaue Engel
1930: Marokko (Morocco)
1931: Entehrt (Dishonored)
1932: Shanghai-Express (Shanghai Express)
1932: Blonde Venus
1933: Das hohe Lied (The Song of Songs)
1934: Die scharlachrote Kaiserin bzw. Die große
Zarin (The Scarlett Empress)
1935: Der Teufel ist eine Frau (The Devil is a
Woman)
1936: I Loved a Soldier
1936: Sehnsucht (Desire)
1936: Der Garten Allahs (The Garden of Allah)
1937: Tatjana
1937: Engel (Angel)
1939: Der große Bluff (Destry Rides Again)
1940: Das Haus der sieben Sünden (Seven Sinners)
1941: Die Abenteurerin (The Flame of New Orleans)
1941: Herzen in Flammen (Manpower)
1942: The Lady Is Willing
1942: Die Freibeuterin (The Spoilers)
1942: Pittsburgh
1944: Follow the Boys
1944: Kismet
1946: Martin Roumagnac
1947: Golden Earrings
1948: Eine auswärtige Affäre (A Foreign Affair)

1949: Jigsaw
1950: Die rote Lola (Stage Fright)
1951: Die Reise ins Ungewisse (No Highway in the Sky)
1952: Engel der Gejagten (Rancho Notorious)
1956: In 80 Tagen um die Welt (Around the World in Eighty Days
1957: Die Monte Carlo Story (Montecarlo)
1957: Zeugin der Anklage (Witness for the Prosecution)
1958: Im Zeichen des Bösen (Touch of Evil)
1961: Das Urteil von Nürnberg (Judgement at Nuremberg)
1964: Zusammen in Paris (Paris When It Sizzles)
1978: Schöner Gigolo, armer Gigolo

Quelle: Wikipedia und Internet Movie Database

Zitate von Marlene Dietrich

Der Geburtsschein ist ein Gerücht, das eine Frau durch ihre Aussehen jederzeit dementieren kann.

Die Männer beteuern immer, sie lieben die innere Schönheit bei der Frau – komischerweise gucken sie aber dabei ganz woanders hin.

Die meisten Frauen setzen alles daran, einen Mann zu ändern; und wenn sie ihn geändert haben, mögen sie ihn nicht mehr.

Ein Mann interessiert sich im allgemeinen mehr für eine Frau, die sich für ihn interessiert, als für eine Frau mit schönen Beinen.

Es sind die Freunde, die man um 4 Uhr morgens anrufen kann, welche von Bedeutung sind.

Fast jede Frau wäre gern treu. Schwierig ist es bloß, den Mann zu finden, dem man treu sein kann.

Frauen sind vernünftiger als Männer. Oder haben Sie schon einmal eine Frau erlebt, die einem Mann wegen seiner Beine nachrennt?

Man muß mit sauberen Händen und ohne große Worte
vor den Tod treten.

Selten ist ein Mann so gut in Stimmung wie dann, wenn
er von sich selbst erzählt.

Über die Mode von gestern lächelt man, aber für die
Mode von vorgestern begeistern wir uns, wenn sie die
Mode von morgen zu werden verspricht.

Wenn eine Frau ihrem Mann einmal verziehen hat, darf
sie ihm seine Sünden nicht immer wieder aufgewärmt
zum Frühstück servieren.

Wenn ich mein Leben noch einmal leben könnte, würde
ich die gleichen Fehler machen. Aber ein bißchen früher,
damit ich mehr davon habe.

Wenn man schöne Beine hat, muss man sie von den
Blicken der Männer massieren lassen.

Literatur

DIETRICH, Marlene: ABC meines Lebens, Berlin 1963

DIETRICH, Marlene: Nehmt nur mein Leben, München 1979

DIETRICH, Marlene: Ich bin, Gott sei Dank, Berlinerin, Berlin 1998

DIETRICH, Marlene: Nachtgedanken, München 2005

FEMBIO Frauen-Biographie-Forschung http://www.fembio.org

HEINZLMEIER, Adolf / SCHULZ, Bernd / WITTE, Karsten: Die Unsterblichen des Kinos, Band 2, Glanz und Mythos der Stars der 40er und 50er Jahre, Frankfurt am Main 1980

HESSEL, Franz: Marlene Dietrich, Berlin 1931

INTERNET MOVIE DATABASE (Film-Datenbank) http://www.imdb.com

MATUSSEK, Matthias: Heim in die Pfütze. Um Marlene Dietrich, die fesche Lola aus dem „Blauen Engel", ist ein bizarrer Streit entbrannt. Wem gehört die Filmdiva – dem alten oder dem neuen Berlin? Der Spiegel, S. 96–99, 4. August 1997, Hamburg

PROBST, Ernst: Superfrauen 7 – Film und Theater, Mainz-Kostheim 2001

PUBLIKUMSLIEBLINGE NICHT NUR VON
GESTERN http://www.steffi-line.de
Internetseite von Stephanie D'heil, Düsseldorf
RIVA, Maria: Meine Mutter Marlene, München 1994
SUDENDORF, Werner: Marlene Dietrich. Dokumen-
te, Essays, Filme. Internationale Filmfestspiele Berlin.
Stiftung Deutsche Kinemathek. Retrospektive 1977,
Band 1: 1977, Band 2; 1978, München
WIKIPEDIA (Online-Lexikon) http://wikipedia.org
WINNERT, Derek (Herausgeber): Marlene Dietrich.
Aus: Kino. Die große Welt der Filme und Stars, S. 82–
83, Niedernhausen 1995

Bildquellen

Klaus Benz, Fotograf, Mainz-Laubenheim: 46

Alexander Binder (1888–1929), Foto von 1928: 10

Bundesarchiv, Bild 102-07770/CC-BY-SA.3.0 (Foto vom Mai 1929 bei der Rückkehr von Emil Jannings aus Amerika): 12 (via Wikimedia Commons), lizensiert unter CreativeCommons-Lizenz by-sa-3.0-de http://creativecommons.org/licenses/by-sa/3.0/de/legalcode

Bundesarchiv, Bild 102-14627 / CC-BY-SA.3.0 (Foto vom Mai 1933): 16 (via Wikimedia Commons), lizensiert unter CreativeCommons-Lizenz by-sa-3.0-de http://creativecommons.org/licenses/by-sa/3.0/de/legalcode

Foto eines Beamten oder Angestellten einer US-amerikanischen Bundesbehörde vom 24. November 1944: 18

Autor Ernst Probst

Der Autor Ernst Probst

Ernst Probst, geboren am 20. Januar 1946 in Neunburg vorm Wald im bayerischen Regierungsbezirk Oberpfalz, ist Journalist und Wissenschaftsautor. Er arbeitete von 1968 bis 1971 als Redakteur bei den „Nürnberger Nachrichten", von 1971 bis 1973 in der Zentralredaktion des „Ring Nordbayerischer Tageszeitungen" in Bayreuth und von 1973 bis 2001 bei der „Allgemeinen Zeitung", Mainz. In seiner Freizeit schrieb er Artikel für die „Frankfurter Allgemeine Zeitung", „Süddeutsche Zeitung", „Die Welt", „Frankfurter Rundschau", „Neue Zürcher Zeitung", „Tages-Anzeiger", Zürich, „Salzburger Nachrichten", „Die Zeit", „Rheinischer Merkur", „Deutsches Allgemeines Sonntagsblatt", „bild der wissenschaft", „kosmos", „Deutsche Presse-Agentur" (dpa), „Associated Press" (AP) und den „Deutschen Forschungsdienst" (df). Aus seiner Feder stammen die Bücher „Deutschland in der Urzeit" (1986), „Deutschland in der Steinzeit" (1991) und „Deutschland in der Bronzezeit" (1996). Von 2001 bis 2006 betätigte sich Ernst Probst als Buchverleger sowie zeitweise als internationaler Fossilienhändler und Antiquitätenhändler. Insgesamt veröffentlichte er rund 200 Bücher, Taschenbücher, Broschüren und E-Books.

Bücher von Ernst Probst

(Auswahl)

Als Mainz noch nicht am Rhein lag

Annie Oakley
Die Meisterschützin des Wilden Westens

Archaeopteryx. Der Urvogel
aus Bayern

Christl-Marie Schultes. Die erste Fliegerin in Bayern
(zusammen mit Theo Lederer)

Cortés und Malinche. Der spanische Eroberer
und seine indianische Geliebte

Der Europäische Jaguar

Der Mosbacher Löwe
Die riesige Raubkatze aus Wiesbaden

Der Rhein-Elefant
Das Schreckenstier von Eppelsheim

Der Schwarze Peter
Ein Räuber im Hunsrück und Odenwald

Der Ur-Rhein
Rheinhessen vor zehn Millionen Jahren

Deutschland im Eiszeitalter

Deutschland in der Frühbronzezeit

Deutschland in der Mittelbronzezeit

Deutschland in der Spätbronzezeit

Die Aunjetitzer Kultur in Deutschland

Die Straubinger Kultur in Deutschland

Die Singener Gruppe

Die Arbon-Kultur in Deutschland

Die Ries-Gruppe und die Neckar-Gruppe

Die Adlerberg-Kultur

Der Sögel-Wohlde-Kreis

Die nordische Bronzezeit in Deutschland

Die Hügelgräber-Kultur in Deutschland

Die ältere Bronzezeit in Nordrhein-Westfalen

Die Bronzezeit in der Lüneburger Heide

Die Stader Gruppe

Die Oldenburg-emsländische Gruppe

Die Urnenfelder-Kultur in Deutschland

Die ältere Niederrheinische Grabhügel-Kultur

Die Unstrut-Gruppe

Die Helmsdorfer Gruppe

Die Saalemündungs-Gruppe

Die Lausitzer Kultur in Deutschland

Die Dolchzahnkatze Megantereon

Die Dolchzahnkatze Smilodon

Die Säbelzahnkatze Homotherium

Die Säbelzahnkatze Machairodus

Die Schweiz in der Frühbronzezeit

Die Rhône-Kultur in der Westschweiz

Die Arbon-Kultur in der Schweiz

Die Schweiz in der Mittelbronzezeit

Die Schweiz in der Spätbronzezeit

Dinosaurier von A bis K. Von Abelisaurus
bis zu Kritosaurus

Dinosaurier von L bis Z. Von Labocania
bis zu Zupaysaurus

Eiszeitliche Geparde in Deutschland

Eiszeitliche Leoparden in Deutschland

Frauen im Weltall

Hildegard von Bingen. Die deutsche Prophetin

Höhlenlöwen. Raubkatzen
im Eiszeitalter

Julchen Blasius
Die Räuberbraut des Schinderhannes

Katharina II. die Große.
Die Deutsche auf dem Zarenthron

Johann Jakob Kaup
Der große Naturforscher aus Darmstadt

Königinnen der Lüfte in Deutschland

Königinnen der Lüfte in Europa

Königinnen der Lüfte in Amerika

Königinnen der Lüfte von A bis Z

Rund 70 Kurzbiografien berühmter Fliegerinnen,
Ballonfahrerinnen, Luftschifferinnen,
Fallschirmspringerinnen, Astronautinnen und
Kosmonautinnen

Königinnen des Films

Königinnen des Tanzes

Königinnen des Theaters

Malende Superfrauen

Meine Worte sind wie die Sterne

Die Entstehung der Rede des Häuptlings Seattle
(zusammen mit Sonja Probst)

Monstern auf der Spur
Wie die Sagen über Drachen, Riesen
und Einhörner entstanden

Neues vom Ur-Rhein
Interview mit dem Geologen und Paläontologen
Dr. Jens Sommer

Österreich in der Frühbronzezeit

Österreich in der Mittelbronzezeit

Österreich in der Spätbronzezeit

Pompadour und Dubarry. Die Mätressen
von Louis XV.

Raub-Dinosaurier von A bis Z.
Mit Zeichnungen von Dmitry Bogdanav
und Nobu Tamura

Rekorde der Urmenschen
Erfindungen, Kunst und Religion

Rekorde der Urzeit
Landschaften, Pflanzen und Tiere

Säbelzahnkatzen. Von Machairodus
bis zu Smilodon

Säbelzahntiger am Ur-Rhein. Machairodus
und Paramachairodus

Superfrauen aus dem Wilden Westen

Superfrauen 1 – Geschichte

Superfrauen 2 – Religion

Superfrauen 3 – Politik

Superfrauen 4 – Wirtschaft und Verkehr

Superfrauen 5 – Wissenschaft

Superfrauen 6 – Medizin

Superfrauen 7 – Film und Theater

Superfrauen 8 – Literatur

Superfrauen 9 – Malerei und Fotografie

Superfrauen 10 – Musik und Tanz

Superfrauen 11 – Feminismus und Familie

Superfrauen 12 – Sport

Superfrauen 13 – Mode und Kosmetik

Superfrauen 14 – Medien und Astrologie

Tony und Bruno Werntgen. Zwei Leben für die Luftfahrt
(zusammen mit Paul Wirtz)

Was ist ein Menhir?
Interview mit dem Mainzer Archäologen
Dr. Detert Zylmann

Weisheiten der Indianer

Wer ist der kleinste Dinosaurier?
Interviews mit dem Wissenschaftsautor Ernst Probst

Wer war der Stammvater der Insekten?
Interview mit dem Stuttgarter Biologen
und Paläontologen Dr. Günther Bechly

Zenobia von Palmyra.
Eine Frau kämpft gegen die Römer

Bestellungen bei: http://www.grin.com